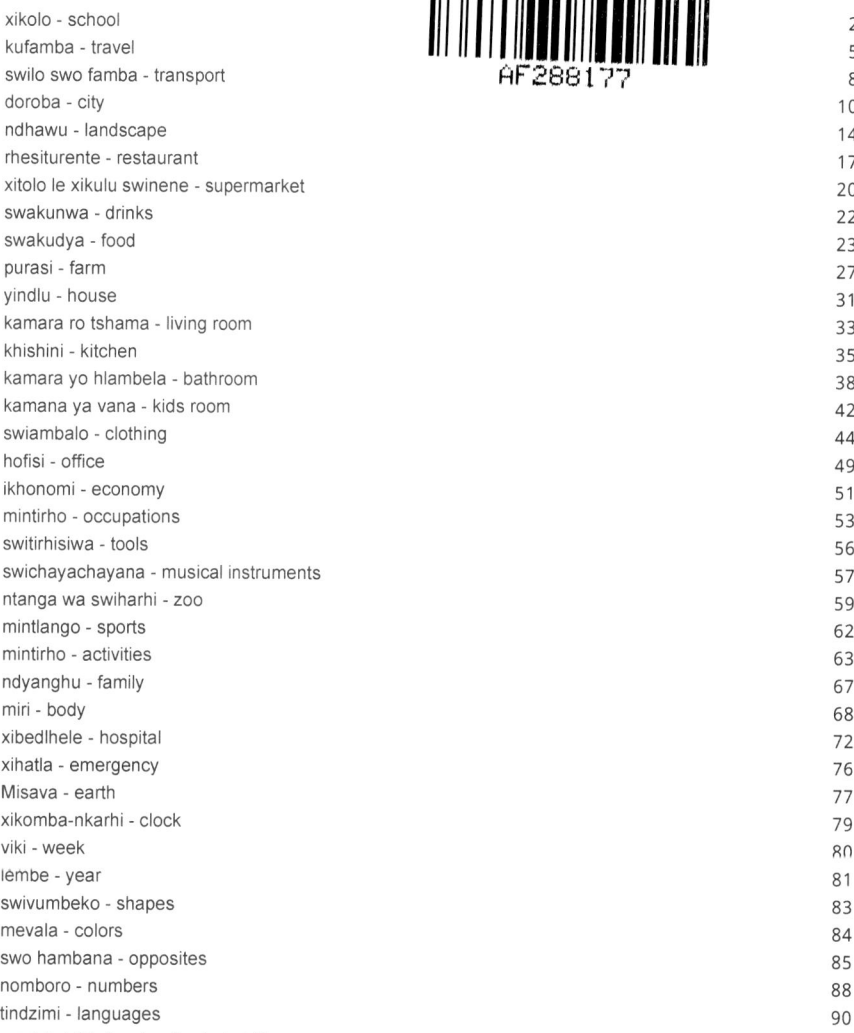

Impressum
Verlag: BABADADA GmbH, Nedderfeld 112 , 22529 Hamburg
Geschäftsführer / Verlagsleitung: Harald Hof
Druck: Books on Demand GmbH, In de Tarpen 42, 22848 Norderstedt

Imprint
Publisher: BABADADA GmbH, Nedderfeld 112 , 22529 Hamburg, Germany
Managing Director / Publishing direction: Harald Hof
Print: Books on Demand GmbH, In de Tarpen 42, 22848 Norderstedt

tlelase
classroom

ava
divide

186/2

pulanka
board

vala ra xikolo
school yard

tichere
teacher

papila
paper

tsala
write

pene
pen

tafola
desk

rula
ruler

buku
book

mudyondzi
pupil

xinkwamana
satchel

bokisi ra tipensele
pencil case

pensele
pencil

muchini wo vatla tipensele

pencil sharpener

rhaba
rubber

papilo ro dirowa
drawing pad

xifaniso lexi diroweke

drawing

burachi ro penda

paintbrush

bokisi ro penda

paint box

xikero

scissors

xidamarheti

glue

buku ya xikolo

exercise book

ntirho wa le kaya

homework

nombhoro

number

engeta

add

susa

subtract

andzisa

multiply

hlaya

calculate

letere

letter

maletere

alphabet

rito

word

rungula

text

hlaya

read

choko

chalk

dyondzo

lesson

tsarisa

register

xikambelo

examination

xitifiketi

certificate

swiambalo swa xikolo

school uniform

dyondzo

education

nsonga-vutivi

encyclopedia

univhesiti

university

makhiriskopu

microscope

mepe

map

xikotela xo lahla maphepha

waste-paper basket

hotele
hotel

hositele
hostel

ndhawu yo cinca mali
currency exchange office

putumendhe
suitcase

movha
car

ririmi

language

ina / e-e

yes / no

Swikahle

Okay

ahe

hello

muhundzuluxeri

translator

Ndza khensa

Thank you

ivungani...?

how much is...?

Andzi twisisi

I don´t get it

nkinga

problem

Riperile!

Good evening!

Maxelo ya kahle!

Good morning!

Vusiku bya kahle!

Good night!

sala kahle

goodbye

nkongomiso

direction

mindzhwalo

luggage

nkwama

bag

nkwama

backpack

muendzi

guest

kamara

room

nkwama wo etlela

sleeping bag

tende

tent

vuxokoxoko bya vaendzi

tourist information

ribuwa

beach

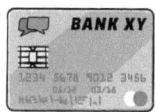

khadi ra xikweleti

credit card

xifihlulo

breakfast

swakudya swa ninhlekani

lunch

swakudya swa nimadyambu

dinner

thikithi

Ticket

kheshe

elevator

xitempe

stamp

ndzilakana

border

mikhuva

customs

hovisi ya vuyimeri ya tiko

embassy

visa

visa

pasi ro endza

passport

xihaha-mpfuka
airplane

xikepe
ship

lori ya ku tima ndzilo
fire truck

bazi
bus

lori
truck

xikepe
motorboat

xikanyakanya
bike

movha
car

xikepe

ferry

xikepe

boat

xithuthuthu

motorbike

movha wa maphorisa

police car

movha wa mphikizano

racing car

movha yo lombiwa

rental car

ku avelana hi movha

car sharing

lori yo koka timovha

tow truck

lori yo rhwala chaka

garbage truck

njhini

engine

mafurha

fuel

ndhawu yo xavisa petirolo

fuel station

mpfungo wa le patwini

traffic sign

mafambelo ya mimovha

traffic

ntlimbano wa timovha

traffic jam

phaki ya timovha

parking lot

xitichi xa xitimela

train station

mintila

tracks

xitimela

train

banzi leri fambaka
exiporweni

tram

kalichi

wagon

xihaha-mpfuka-phatsa

helicopter

rivala ra siwhaha-mpfuka

airport

xihondzo

tower

mukhandziyi

passenger

bokisi

container

bokisi

carton

kalichi

cart

xirhundzi

basket

suka / tshama

take off / land

doroba

city

muti

village

nkava wa doroba

city center

yindlu

house

bayiskopo
movie theater

vunavetisi
advert

rivoni ra le xitarateni
street light

CINEMA

xitarata
street

thekisi
taxi

xitolo xa swakudya swo khomisa nyoka.
snack shop

munhu wo famba hi
pedestrian

xitarata
sidewalk

ndhawu yo famba vanhu a xitarateni
zebra crossing

bini
dumpster

xihambano
crossing

tiroboto
traffic lights

xiyindlwana xa byanyi
hut

yindlu
apartment

xitichi xa xitimela
train station

holo ya vanhu
city hall

muziyamu
museum

xikolo
school

univhesiti

university

bangi

bank

xibedlhele

hospital

hotele

hotel

xitolo xa miri

pharmacy

hofisi

office

xitolo xa tibuku

book shop

xitolo

shop

xitolo xa swiluva

flower shop

xitolo le xikulu swinene

supermarket

makete

market

xitolo le xikulu

department store

xitolo xa tinhlampfi.

fishmonger's shop

ndhawu ya switolo

mall

hlaluko

harbor

phaka

park

bence

bench

buloho

bridge

switepisi

stairs

ehansi ka misava

subway

muhocho

tunnel

xitichi xa tibanzi

bus stop

barha

bar

rhesiturente

restaurant

bokisi ra poso

postbox

mfungho wa xitarata

street sign

muchini wa mali ya ku phaka

parking meter

ntanga wa swiharhi

zoo

damu ro xambela

swimming pool

mosque

mosque

purasi

farm

nthyakiso

pollution

masirha

cemetery

kereke

church

rivala ra mintlangu

playground

tempele

temple

ndhawu

landscape

![Landscape illustration with labeled features]

tluka
leaf

mfungho wa gondzo
signpost

ndlela
path

byanyi byo tala
meadow

ribye
stone

munhu wo khandziya tintshava
hiker

murhi
tree

nambu
river

byanyi
grass

xiluva
flower

ndhawu - landscape

nkova

valley

xitsunga

hill

tiva

lake

khwati

forest

mananga

desert

volkheno

volcano

ntsinda

castle

nkwangulatilo

rainbow

swikowa

mushroom

murhi wa nchindzu

palm tree

nsuna

mosquito

haha

fly

vusokoti

ant

nyoxi

bee

puma

spider

xifufunhunu

beetle

chele

frog

maxindyana

squirrel

nhloni

hedgehog

mfundla

hare

xikhova

owl

xinyenyane

bird

sekwa

swan

ngluve ya nhova

boar

mhunti

deer

mhofu

moose

damu

dam

xipelupelu xa moya

wind turbine

bodo leyi tswongaka kuhisa
ka dyambu

solar panel

maxelo

climate

muphameri
waiter

nxaxamelo wa swakudya
menu

xitulu
chair

sopo
soup

pizza
pizza

lapi ra tafula
tablecloth

swibya
cutlery

swakudya swa ku naveta

starter

swakudya

main course

swo rhelerisa

dessert

swakunwa

drinks

swakudya

food

bodlhela

bottle

swakudya swa xihatla

fast food

swakudya swa le ndleleni

street food

mbita ya tiya

teapot

xibye xa chukela

sugar bowl

xiphemu

portion

muchini wa espresso

espresso machine

xitulu xa le henhla

high chair

swikweleti

bill

thireyi

tray

mukwana

knife

foroko

fork

lepula

spoon

xilepulana

teaspoon

phepha ro sula nomu

serviette

nghilazi

glass

pleti

plate

pleti ya sopo

soup plate

sosara

saucer

murhu

sauce

xilo xo chele munyu

salt shaker

xilo xo gaya

pepper mill

vhiniga

vinegar

mafurha

oil

swinyunyeteri

spices

ketchup

ketchup

mustard

mustard

mayonasi

mayonnaise

nyiko yo hlawuleka
special offer

muxavi
customer

ntsamba
dairy products

mihandzu
fruit

xikocikara
shopping cart

buchara	bekari	ringanyeta
butcher's shop	bakery	weigh
swimila	nyama	swakudya swo titimela
vegetables	meat	frozen food

nyama

cold cuts

swakudya leswi nga thinini

canned food

mapa yo hlanswa

detergent

malekere

candy

switirhisiwa swa le ndlwini

household products

swilo swo basisa

cleaning products

munhu wo xavisa

sales representative

thili

cash register

muamukeli wa timali

cashier

nxaxamelo wa swo xaviwa

shopping list

nkarhi wa ku tirha

opening hours

nkwama wa mali

wallet

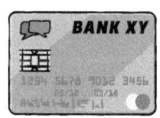

khadi ra xikweleti

credit card

nkwama

bag

nkwama wa pulasitiki

plastic bag

xitolo le xikulu swinene - supermarket

mati

water

ntsutsu

juice

meleke

milk

coke

coke

vhinyo

wine

byalwa

beer

byala

alcohol

cocoa

cocoa

tiya

tea

kofi

coffee

espresso

espresso

cappuccino

cappuccino

banana

banana

apula

apple

lamula

orange

kalabatla

melon

swiri

lemon

kherotsi

carrot

swinyalana

garlic

musengele

bamboo

nyala

onion

swikowa

mushroom

timanga

nuts

makaroni ya nyama

noodles

spaghetti

spaghetti

rhayisi

rice

saladi

salad

machipisi

fries

nhlata wo katingiwa

fried potatoes

pizza

pizza

hamburger

hamburger

xinkwa

sandwich

cutlet

escalope

ham

ham

salami

salami

soseji

sausage

huku

chicken

katinga

roast

hlampfi

fish

oats

porridge oats

muesli

muesli

rivele-ndzoho

cornflakes

filawa

flour

bantsi

croissant

xinkwa

bread roll

xinkwa

bread

xinkwa xo oxiwa

toast

makokisi

cookies

botere

butter

ribomba ra tswamba

curd

khekhe

cake

tandza

egg

matandza lama katingiweke

fried egg

chizi

cheese

ayisi khrimi

ice cream

chukela

sugar

vulombe

honey

jamu

jelly

botere ya chokoleti

nougat cream

curry

curry

yindlu ya purasi
farm house

muako wa byanyi
straw bale

xihlati
barn

nsimu
field

hanci
horse

kharavhani
trailer

terekere
tractor

rhole
foal

mbhongolo
donkey

nyimpfu
sheep

ximbutana
lamb

mhunti

goat

homu

cow

rhole

calf

nguluve

pig

xingulubyana

piglet

nkuzi

bull

sekwa

goose

sweka

duck

xikukwana

chick

mbhaha

hen

nkuku

cockerel

kondlo

rat

ximanga

cat

kondlo

mouse

homu

ox

mbyana

dog

yindlu ya mbyana

dog house

payipi ya mati

garden hose

xilo xo chelela mati

watering can

nsimbi yo tsema

scythe

xikomu

plow

sikele

sickle

xikomu

hoe

foroko le yikulu

pitchfork

xihloka

axe

bara

pushcart

xitsengele

trough

xilo xo chela ntswamba

milk can

saka

sack

rirhangu

fence

xivala

stable

yindlu ya vuhlayiselo bya
swimilana

greenhouse

misava

soil

mbewu

seed

swinonisi

fertilizer

muchini wa ku tshovela

combine harvester

tshovela

harvest

ntshovelo

harvest

mintsumbula

yams

koroni

wheat

tinyawa

soya

nhlata

potato

koroni

corn

rapeseed

rapeseed

nsinya wa mihandzu

fruit tree

ntsumbula

manioc

swakudya swa tidzoho

grain

chimele
chimney

lwangu
roof

phayiphi yo fambisa chaka
downspout

fasitere
window

garaji
garage

bele yale rivantini
doorbell

rivanti
door

thini rochela malakatsa
trash can

bokisi ra mapapila
mailbox

nsimu
garden

kamara ro tshama
living room

kamara yo hlambela
bathroom

khishini
kitchen

kamera ro etlela
bedroom

kamana ya vana
kids room

ndhawu yo dyela
dining room

ehansi

floor

khumbi

wall

silingi

ceiling

kamera ra le hansi

cellar

phungula

sauna

rikupakupa

balcony

tshala

terrace

damu

pool

muchini wo tsema byanyi

lawn mower

nkumba

sheet

swo andlalela mubedo

bedspread

mubedo

bed

nkukulu

broom

bakiti

bucket

swichi

switch

phepha ra le khumbini
wallpaper

xifaniso
picture

rivoni
lamp

xelufu
shelf

khabodo
cabinet

xitiko
fireplace

thelevhixini
television

xiluva
flower

xikhengele
cushion

sofa
sofa

mbita
vase

xilawula-kule
remote control

khapete

carpet

khethenisi

drape

tafula

table

xitulu

chair

xitulu xo mbuwetela

rocking chair

xitulu xo tlhandleka mavoko

armchair

buku

book

nkumba

blanket

nkhaviso

decoration

tihunyi

firewood

filimi

film

muchini wa hi-fi

stereo system

xinotlelo

key

phepha-hungu

newspaper

xifaniso lexi vatliweke

painting

bodo ya xifaniso

poster

xiya-ni-moya

radio

buku yo tsala tinhla

notebook

hoover

vacuum cleaner

xiluva xa cactus

cactus

khandlela

candle

xigwitsirisi
fridge

ovhene ya microwave
microwave oven

xikalo xa le khichini
kitchen scales

muchini wo oxa xinkwa
toaster

xisibi
laundry detergent

ovhene
stove

xigwitsirisi
freezer

thini rochela malakatsa
trash can

muchini wa ku hlantswa swibyi
dishwasher

mosweki
cooker

poto
pot

poto ra nsimbi
cast-iron pot

mbita yo swekela / kadai
wok / kadai

pani
pan

ketlele
kettle

xo sweka hi nkahelo

steamer

thireyi ya ku baka

baking tray

swibya

crockery

xikomichana

mug

ximbitana

bowl

ti-chopstick

chopsticks

xipunu

ladle

spatula

spatula

muchini wo hlanganisa

whisk

sefo

strainer

xisefo

sieve

xilo xo tsemelela

grater

xibye

mortar

nyama yo oshiwa

barbecue

ndzilo

fireplace

bodo ya ku tsemelela

chopping board

mhandzi yo andlala fulawa

rolling pin

xo pfula mabodlhela

corkscrew

thini

can

xo pfula mathini

can opener

xo khoma poto

oven cloth

zinki

sink

buracha

brush

xiponci

sponge

xilo lexi hlanganiselaka

blender

xigwitsirisi

deep freezer

bodlhela ra n'wana

baby bottle

pompi

tap

khishini - kitchen

kukufumeta
heating

shawara
shower

thawula
towel

khethenisi ra shawara
shower curtain

xisibi xo hlambela a bavhini
bubble bath

bavhu
bathtub

nghilazi
glass

muchini wa ku hlantswa
washing machine

pompi
tap

tithayilisi
tiles

xihambukelo
potty

zinki
sink

xihambukelo
toilet

xihambukelo
squat toilet

bidet
bidet

ndhawu yo tsakamisela
urinal

papila ra xihambukelo
toilet paper

burachi bya xihambukelo
toilet brush

burachi bya meno

toothbrush

xisibi xa meno

toothpaste

xo basisa exikarhi ka meno

dental floss

hlamba

wash

xawara yo khomiwa hivoko

hand shower

douche

douche

xihlambelo

basin

buracha ra nhlana

back brush

xisibi

soap

xisibi xa xawara

shower gel

shampoo

shampoo

swilapana

flannel

xinambyana

drain

rivomba

creme

xinhuherisi

deodorant

xivoni

mirror

xivoni xo khomiwa hivoko

hand mirror

rikarhi

razor

xisibi so susa malevu

shaving foam

mafurha ya kutola loku u
heta ku tsemeta malevu

aftershave

kama

comb

buracha

brush

muchini wo omisa mosisi

hair-dryer

mafurha yo tola mosisi

hairspray

xo tisasekisa

makeup

xotota nomo

lipstick

xo tota minwala

nail varnish

kotoni

cotton wool

xo tsema minwala

nail scissors

xinhuherisi

perfume

nkwama wa le
xihambukelweni

washbag

nchuluko

stool

xikalo

weighing scales

nguvu yo hlamba

bathrobe

tiglovhu ta raba

rubber gloves

tampon

tampon

thawula ra ku basisa

sanitary towel

xihambukelo xa le handle

chemical toilet

alamu ya wachi
alarm clock

xo tlanga sa ku etlela
cuddly toy

movha ya ku tlangisa
toy car

xokocokoco
rattle

yindlu ya swipopana
doll's house

nyiko
present

baluni

balloon

mubedo

bed

pureme

stroller

makhadi

deck of cards

jigsaw

jigsaw

khomiki

comic

switina swa lego

lego bricks

swiaki

toy blocks

xo tlanga xa vana

action figure

swiambalo swa nwana

romper suit

Frisbee

frisbee

mobile

mobile

ntlango wa le bodweni

board game

dayisi

dice

xitimela xo tlanga

model train set

xo tlangisa vana

pacifier

nkhuvo

party

buku ya swifaniso

picture book

bolo

ball

xipopana

doll

tlanga

play

khele ra sava

sandpit

muchinginya

swing

swilo swo tlangisa

toys

mintlango ya vhidiyo

video game console

xithuthuthu xa mivhilwa manharhu

tricycle

tibere to tlangisa

teddy bear

wadirobo

wardrobe

swiambalo
clothing

masokisi

socks

masokisi

stockings

buruku byo tlimba

tights

xikhafu
scarf

ambulele
umbrella

xikipa
t-shirt

bandhi
belt

tintangu
boots

maphashana
slippers

tintangu to tsutsuma
sneakers

maphashana
sandals

tintangu
shoes

majombo ya raba
rubber boots

maburuko ya le ndzeni
underwear

bodi
bra

xikipa xa le ndzeni
undershirt

miri

body

maburuko

pants

bokati

jeans

xiketi

skirt

bulawusi

blouse

hembe

shirt

jesi

pullover

jazi ro fingeneta nhloko

sweater

buleyizara

blazer

baji

jacket

nghuvo

coat

jazi rampfula

raincoat

swiambalo

costume

swiambalo

dress

rhoko ya mucato

wedding dress

sudu

suit

xiambalo xo etlela

nightgown

swi ambalo swo etlela

pajamas

sari

sari

xikhafu

headscarf

duku

turban

burqa

burka

swi ambalo

kaftan

abaya

abaya

swiambalo swo hlambela

swimsuit

maburuko ya le ndzeni

trunks

buruku ro koma

shorts

tracksuit

tracksuit

fasikoti

apron

maglilavhu

gloves

swiambalo - clothing

kunupu

button

manghilazi ya mahlo

glasses

sindza

bracelet

vuhlalu

necklace

xingwaxila

ring

vo sasekisa tindleve

earring

kepisi

cap

hangara ya nghuvo

coat hanger

xigqoko

hat

thayi

tie

zipi

zip

xihuku

helmet

minxongotelo

braces

swiambalo swa xikolo

school uniform

yunifomo

uniform

bibi
bib

xo tlangisa vana
pacifier

leyiri
diaper

hofisi
office

server
server

khabodo yo beka tifayili
filing cabinet

muchini wa ku kandziyisa
printer

xikirini
monitor

papila
paper

tafola
desk

mouse
mouse

xilo xo veka swiphephana
folder

keyboard
keyboard

xikotela xo lahla maphepha
waste-paper basket

khompyuta
computer

xitulo
chair

bikiri ra kofi
coffee mug

muchini wo hlaya
calculator

internet
internet

laptop
laptop

papila
letter

rungula
message

foni
cell phone

network
network

muchini wo endla tikopi
photocopier

progreme ya khompyuta
software

riqingho
telephone

pulagi ya gezi
plug socket

muchini wo rhumela rungula
fax machine

fomo
form

papila
document

xava

buy

hakela

pay

xavisa

trade

mali

money

 USD

dolara

dollar

EUR

euro

euro

JPY

yen

yen

RUB

rouble

rouble

CHF

Swiss franc

Swiss franc

CNY

renminb yuan

renminbi yuan

INR

rupee

rupee

muchini wa mali

cash point

ndhawu yo cinca mali

currency exchange office

nsuku

gold

silivhere

silver

mafurha

oil

matimba

energy

hakelo

price

ntwanano

contract

xibalo

tax

nundzu ya timali

stock

tirha

work

mutirhi

employee

mothorhi

employer

fektri

factory

xitolo

shop

ikhonomi - economy

phorisa
police officer

mutimi wa ndzilo
fireman

musweki
cook

dokodela
doctor

muhahisi
pilot

muhlayi wa ntanga

gardener

muvatli

carpenter

murungi

seamstress

muavanyisi

judge

xitshunguri

chemist

mutlangi

actor

muchaeri wa tibazi

bus driver

muchayeri wa thekisi

taxi driver

muphasi wa tinhlampfi

fisherman

wansati wa ku basisa

cleaning lady

mufuleri

roofer

muphameri

waiter

muhloti

hunter

mupendi

painter

mubaki

baker

mutivi wagezi

electrician

muaki

builder

munjiniyara

engineer

muxavisi wa nyama

butcher

muplambara

plumber

muheleketi wa poso

postman

socha

soldier

mumpfampfarhuti

architect

muamukeli wa timali

cashier

muxavisi wa swiluva

florist

mululamisi wa misisi

hairdresser

mufambisi

conductor

munhu wo lungisa timovha

mechanic

mulawuri

captain

dokotela wa matinho

dentist

mutivi wa sayensi

scientist

mufundisi

rabbi

murhangeri

imam

nghwendza

monk

mfundisi

pastor

switirhisiwa

tools

hamele
hammer

tangi
pliers

xikurudurayivha
screwdriver

xipanere
wrench

thochi
torch

muchini wo cela
excavator

bokisi ra switirhisiwa
toolbox

xitepisi
ladder

saha
saw

swipikiri
nails

muchini wo boxa
drill

lunghisa

repair

foxolo

shovel

Thyaka!

Damn!

nchumu wo susa ritshuri

dustpan

mbita ya pende

paint can

bawuti

screws

swichayachayana

musical instruments

xikurisa-mpfumawulo
loud speaker

swigubu
drum set

katara
guitar

double bass
double bass

mhalamhala
trumpet

piyano
piano

violin
violin

bass
bass

timpani
timpani

xigubu
drums

keyboard
keyboard

saxophone
saxophone

xitiringo
flute

xikurisa-marito
microphone

yingwe
tiger

ndhawu ya ku nghena
entrance

hoko
cage

mangwa
zebra

swakudya swa swiharhi
animal feed

panda
panda

swiharhi
animals

ndlopfu
elephant

xinjhenghwe
kangaroo

mhelembe
rhino

gorila
gorilla

bere
bear

kamela

camel

yintsha

ostrich

nghala

lion

nkawu

monkey

flamingo

flamingo

hokwe

parrot

bere

polar bear

penguin

penguin

shaka

shark

hanti

peacock

nyoka

snake

ngwenya

crocodile

muhlayisi wa mintanga ya
swiharhi

zookeeper

seal

seal

jaguar

jaguar

hanci

pony

yingwe

leopard

mpfuvu

hippo

nhutlwa

giraffe

gama

eagle

ngluve ya nhova

boar

hlampfi

fish

mfutsu

turtle

nyimpfu ya le lwandle

walrus

mhungubye

fox

mhala

gazelle

bolo ya le Amerika
American football

kufamba hi xi kanyakanya
cycling

tennis
tennis

basketball
basketball

kuhlambela
swimming

ntlango wa ku bana
boxing

khororo ya le ayisini
ice hockey

bolo
soccer

badminton
badminton

mintlango
athletics

bolo ya mavoko
handball

kureta e gambokweni
skiing

polo
polo

tlula
jump

hleka
laugh

angara
hug

famba
walk

yimbelela
sing

lora
dream

khongela
pray

ntswontswa
kiss

tsala	dirowa	komba
write	draw	show

dlidlimeta	nyika	teka
push	give	take

yi va

have

endla

do

ku va

be

yima

stand

tsutsuma

run

koka

pull

lahlela

throw

wana

fall

hemba

lie

rindza

wait

rhwala

carry

tshama

sit

ambala

get dressed

tlela

sleep

pfuka

wake up

languta

look at

rila

cry

bana

stroke

kama

comb

vulavula

talk

twisisa

understand

vutisa

ask

yingisa

listen

nwana

drink

dyana

eat

basisa

tidy up

randza

love

sweka

cook

chayela

drive

haha

fly

tluta

sail

hlaya

calculate

hlaya

read

hlaya

learn

tirha

work

teka

marry

rhunga

sew

kuhlamba meno

brush teeth

dlaya

kill

dzaha

smoke

rhumela

send

kwana wa xisati
andmother

kokwana wa xinuna
grandfather

tatana
father

mana
mother

nwana
baby

n'wana wa nwanyana
daughter

n'wana wa mfana
son

muendzi

guest

hahani

aunt

malume

uncle

makwerhu

brother

makwrhu

sister

mombo
forehead

tihlo
eye

katla
shoulder

ritiho
finger

xikandza
face

xilebvu
chin

voko
hand

bele
breast

nenge
leg

voko
arm

nwana
baby

n'wanuna
man

nw'ansati
woman

nhwanyana
girl

mfana
boy

nhloko
head

nhlana

back

khwiri

belly

nkava

navel

xikunwani

toe

xirhenze

heel

rhambu

bone

nyonga

hip

tsolo

knee

xikokola

elbow

nompfu

nose

xisuti

buttocks

nhlonge

skin

rhama

cheek

ndlebe

ear

nomu

lip

nomu

mouth

tinyo

tooth

ririmi

tongue

byongo

brain

mbilu

heart

nsiha

muscle

hahu

lung

vixindzi

liver

khwiri

stomach

tinso

kidneys

masangu

sex

khondomu

condom

tandza

ovum

mbewu ya vununa

semen

nyimba

pregnancy

miri - body

kuya enkarhini

menstruation

muhocho

vagina

xiluma

penis

tinxiyi

eyebrow

misisi

hair

nhamu

neck

xibedlhele
hospital

ambulense
ambulance

xitulu xa swigulana
wheelchair

ku tshoveka
fracture

dokodela

doctor

kamara ra xilamulela-
mhango

emergency room

muongori

nurse

xihatla

emergency

ku titivala

unconscious

kuvava

pain

ku vaviseka

injury

mpfempfa ngati

bleeding

ku hlaseriwa himbilu

heart attack

ku oma swirho

stroke

rinyenyo

allergy

khohlola

cough

xifumbu

fever

mukhuhlwana

flu

nchuluko

diarrhea

ku pandza ka nhloko

headache

khensa

cancer

chukela

diabetes

dokodela

surgeon

mukwana

scalpel

vuhandzuri

operation

CT

CT

x-rheyi

x-ray

muchini wo yingisela
ntshuka-ntshuko

ultrasound

xo tipfala tinhomfu

face mask

vuvabyi

disease

kamara ro rindza

waiting room

nhonga

crutch

semendhe

plaster

bandhichi

bandage

neleta

injection

muchini wa madokodela wa
ku yingisa

stethoscope

rihlaka

stretcher

xipima-mahiselo

clinical thermometer

ku veleka

birth

ku nyuhela

overweight

swipfuneta-ku-twa

hearing aid

khemikhale yo dlaya switsongwatsongwana

disinfectant

switsongwatsongwana

infection

xitsongwatsongwana

virus

HIV / AIDS

HIV / AIDS

miri

medicine

nayiti

vaccination

maphilisi

tablets

pilisi

pill

riqingho ra xihatla

emergency call

muchini wo kamba nsusumeto wa ngati

blood pressure monitor

vabya / hanya

ill / healthy

Pfunani!

Help!

bele

alarm

ku hlaseriwa

assault

hlasela

attack

khombo

danger

nyangwa wo huma loko ku ri ni mhango

emergency exit

Ndzilo!

Fire!

xo tima ndzilo

fire extinguisher

mhangu

accident

bokisi ra xilamulela-mhango

first-aid kit

SOS

SOS

phorisa

police

Yuropa

Europe

Amerika N'walungu

North America

Amerika Dzonga

South America

Afrika

Africa

Asia

Asia

Australia

Australia

Atlantic

Atlantic

Pacific

Pacific

Lwandle-nkulu ra Indiya

Indian Ocean

Lwandle-nkulu ra Antarctic

Antarctic Ocean

Lwandle-nkulu ra Arctic

Arctic Ocean

North Pole

North pole

South Pole
South pole

Antarctica
Antarctica

Misava
earth

tiko
land

lwandle
sea

xihlala
island

rixaka
nation

tiko
state

xikomba nkarhi

clock face

xikomba-tiawara

hour hand

xikomba-timineti

minute hand

xikomba-tisekoni

second hand

I nkarhi muni?

What time is it?

siku

day

nkarhi

time

ᴈwᴈᴈwi

now

wachi loyi tshavatelaka

digital watch

minete

minute

awara

hour

Musumbhunuko
Monday

Ravunharhu
Wednesday

Ravuntlhanu
Friday

Ravumbirhi
Tuesday

Ravumunhe
Thursday

Mugimeto
Saturday

Nsoto
Sunday

tolo

yesterday

namuntlha

today

mundzuku

tomorrow

mixo

morning

nhlekani

noon

madyambu

evening

masiku ya ntirho

workdays

mahelo vhiki

weekend

nkwangulatilo
rainbow

mfpula
rain

gamboko
snow

moya
wind

xumun'wana
spring

xixikana
fall

ximumu
summer

xixika
winter

vumbha tamaxelo

weather forecast

xipima-mahiselo

thermometer

dyambu

sunshine

papa

cloud

hunguva

fog

kutsakama

humidity

rihati

lightning

dzindza-tilo

thunder

xidzedze

storm

xihangu

hail

mpfula

monsoon

ndhambi

flood

ayisi

ice

Sunguti

January

Nyenyenyana

February

Nyenyankulu

March

Dzivamusoko

April

Mudyaxihi

May

Khotavuxika

June

Mawuwani

July

Mhawuri

August

Ndzhati

September

Nhlangula

October

Hukuri

November

N'wendzamhala

December

xirendzevutana

circle

xikwere

square

matlhelo ya mune

rectangle

xivunguvungu xa tintlha tinharhu

triangle

bolo

sphere

cube

cube

basa

white

xitshopana

yellow

lamula

orange

tshwukanyana

pink

tshwuka

red

xigunguvungu

purple

wasi

blue

rihlaza

green

buraweni

brown

mpunga

gray

ntima

black

swo tala / swi tsongo

a lot / a little

hlundzukile / rhurile

angry / calm

sasekile / bihile

beautiful / ugly

masungulo / makumo

beginning / end

kulu / tsongo

big / small

vangama / munyama

bright / dark

buti / sesi

brother / sister

basile / chakile

clean / dirty

helerile / helelangiki

complete / incomplete

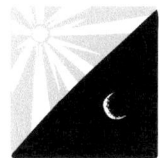

siku / vusiku

day / night

file / hanyaka

dead / alive

pfulekile / pfalekile

wide / narrow

swa dyiwa / a swi dyiwi

edible / inedible

homboloka / lunghile

evil / kind

tsakile / phirekile

excited / bored

nyuhela / lala

fat / thin

masungulo / makumo

first / last

mungana / nala

friend / enemy

tele / hava

full / empty

tiyile / olova

hard / soft

tika / vevuka

heavy / light

ndlala / torha

hunger / thirst

vabya / hanya

ill / healthy

swi ngariki enawini / enawini

illegal / legal

tlharihile / xiphukuphuku

intelligent / stupid

ximati / xinene

left / right

akusuhi / kule

near / far

yintshwa / tirhisiwile

new / used

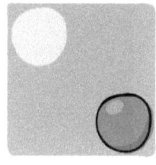

hava / xin'wana

nothing / something

dyuharile / muntshwa

old / young

xarirha / xitimile

on / off

pfurile / pfariwile

open / closed

myerile / huwa

quiet / loud

fuwile / xisiwana

rich / poor

swinene / bihile

right / wrong

khwasha / reta

rough / smooth

vaviseka / tsaka

sad / happy

koma / leha

short / long

hlwela / hatlisa

slow / fast

tsakama / oma

wet / dry

kufumela / titimela

warm / cool

nyimpi / kurhula

war / peace

0

noto

zero

1

n'we

one

2

mbirhi

two

3

nharhu

three

4

mune

four

5

ntlhanu

five

6

ntsevu

six

7

nkombo

seven

8

nhungu

eight

9

nkaye

nine

10

khume

ten

11

khume n'we

eleven

12

khume mbirhi

twelve

13

khume nharhu

thirteen

14

khume mune

fourteen

15

khume ntlhanu

fifteen

16

khume ntsevu

sixteen

17

khumbe nkombo

seventeen

18

khume nhungu

eighteen

19

khume nkaye

nineteen

20

makhume mambirhi

twenty

100

dzana

hundred

1.000

gidi

thousand

1.000.000

gidi ya magidi

million

Xinghezi

English

Xinghezi xa Amerika

American English

Xichayina xa Mandarin

Chinese Mandarin

Xihindi

Hindi

Xipaniya

Spanish

Xifurwa

French

Xiarabu

Arabic

Xirhaxiya

Russian

Xiputukezi

Portuguese

Xibengali

Bengali

Xijarimani

German

Xijapani

Japanese

mina

I

wena

you

yena / yena / xona

he / she / it

hina

we

n'wina

you

vona

they

mani?

who?

yini?

what?

njhani?

how?

kwihi?

where?

rhini?

when?

vito

name

endzaku

behind

ahehla

in

emahlweni a

in front of

ahenhla ka

over

eka

on

ehansi

under

handle ka

beside

exikarhi ka

between

ndhawu

place